El dominio mexicano de California

Heather Price-Wright

Asesoras

Kristina Jovin, M.A.T.
Distrito Escolar Unificado Alvord
Maestra del Año

Vanessa Ann Gunther, Ph.D.
Departamento de Historia
Universidad Chapman

Créditos de publicación

Rachelle Cracchiolo, M.S.Ed., *Editora comercial*
Conni Medina, M.A.Ed., *Redactora jefa*
Emily R. Smith, M.A.Ed., *Realizadora de la serie*
June Kikuchi, *Directora de contenido*
Caroline Gasca, M.S.Ed., *Editora superior*
Marc Pioch, M.A.Ed., y Susan Daddis, M.A.Ed., *Editores*
Sam Morales, M.A., *Editor asociado*
Courtney Roberson, *Diseñadora gráfica superior*
Jill Malcolm, *Diseñadora gráfica básica*

Créditos de imágenes: portada y pág.1 DeA Picture Library/G. Dagli Orti/Granger, NYC; págs.2–3 Mapa de los Estados Unidos de Méjico: según lo organizado y definido por las varias actas del Congreso de dicha república, y construido por las mejores autoridades [gráfico], G4410 1848 .D5, cortesía de The Bancroft Library, University of California, Berkeley; págs.4, 11, 17, contraportada North Wind Picture Archives; pág.5 John Mitchell/Alamy Stock Photo; pág.6 (inferior) Library of Congress [general.31218.1]; pág.7 DeA Picture Library/G. Dagli Orti/Granger, NYC; págs.8–9, 29 (inferior) [View taken near Monterey, California], Robert B. Honeyman, Jr. collection of early Californian and Western American pictorial material [gráfico], BANC PIC 1963.002:1306--FR. Cortesía de The Bancroft Library, University of California, Berkeley; Creative Commons Attribution-Share Alike 4.0 International de Shruti Mukhtyar; págs.12–13, 18, 26–27 cortesía del California History Room, California State Library, Sacramento, California; pág.14 National Archives and Records Administration [595794]; pág.15 The Protected Art Archive/Alamy Stock Photo; pág.16 Classic Image/Alamy Stock Photo; pág.17 (superior) fotografía de John Burgess/ The Press Democrat; pág.19 (superior) Lebrecht Music and Arts Photo Library/Alamy Stock Photo, (página entera) The life of a trapper: a sudden halt, Robert B. Honeyman, Jr. collection of early Californian and Western American pictorial material [gráfico], BANC PIC 1963.002:1448--FR. Cortesía de The Bancroft Library, University of California, Berkeley; págs.20–21 Library of Congress [LC-DIG-ppmsca-09855]; págs.22–23 Granger, NYC; págs.24–25 Library of Congress [LC-DIG-highsm-20857]; pág.25 (inferior) H.S. Photos/Alamy Stock Photo; pág.26 (inferior) Nicholas Philip Trist Papers, 1795-1873, Manuscript Division, Library of Congress; pág.28 Diseño de Los Alamos y Agua Caliente: [Calif.]/ [por Esteban Ardisson], U.S. District Court. California, Southern District. Land case 183 SD, page 86, Land Case Map D-1202. Cortesía de The Bancroft Library, University of California, Berkeley; pág.29 (superior) Native Californians lassoing a steer, Robert B. Honeyman, Jr. collection of early Californian and Western American pictorial material [gráfico], BANC PIC 1963.002.1350-FR. Cortesía de The Bancroft Library, University of California, Berkeley, (centro) A California magnate in his home, The mission era [gráfico]: California under Spain and Mexico and reminiscences, BANC PIC 19xx.039:33-FR. Cortesía de The Bancroft Library, University of California, Berkeley; pág.32 Library of Congress [LC-DIG-ppmsca-09855]; todas las demás imágenes cortesía de iStock y/o Shutterstock.

Todas las compañías y los productos mencionados en este libro son marcas registradas de sus respectivos dueños o desarrolladores, y se usan en este libro con fines estrictamente editoriales; el autor y el editor comercial no reclaman ningún derecho comercial sobre su uso.

Teacher Created Materials
5301 Oceanus Drive
Huntington Beach, CA 92649-1030
www.tcmpub.com

ISBN 978-0-7439-1266-2
© 2020 Teacher Created Materials, Inc.

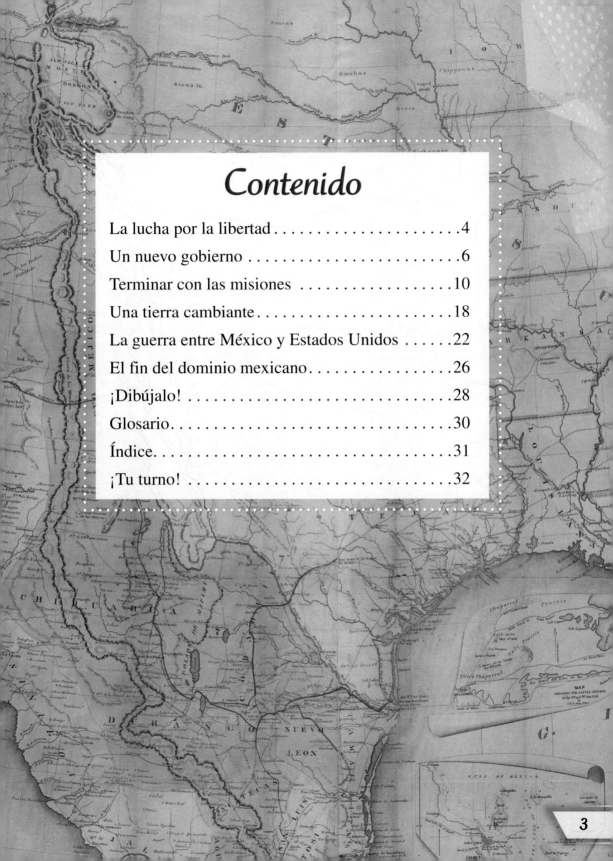

Contenido

La lucha por la libertad

En 1810, un sacerdote comenzó la lucha por la libertad de México. Miguel Hidalgo y Costilla llamó a una revuelta contra España. Habló en su iglesia de la ciudad de Dolores. Su discurso se conoció como el "Grito de Dolores". Hidalgo dijo: "Hijos míos, [...] ¿Se liberarán? ¿Recuperarán las tierras que nos robaron hace 300 años [...] los odiados españoles? Debemos actuar de inmediato". En su iglesia, había indígenas y mestizos, o personas con padres de diferentes razas. Tomaron muy en serio sus palabras. Comenzaron la lucha por la libertad. Pronto, otros se sumaron a la lucha.

La guerra contra España duró 11 años. En 1821, México ganó la guerra. Un nuevo gobierno tomó el poder. Los habitantes de todo México vieron esto como un nuevo comienzo. **Alta California** ahora era parte de México. Las personas que vivían allí también podían empezar de nuevo.

Muchos estados

Alta California era enorme. Era mucho más grande de lo que es hoy el estado de California. Seis estados actuales formaban parte de aquel territorio.

Geografía

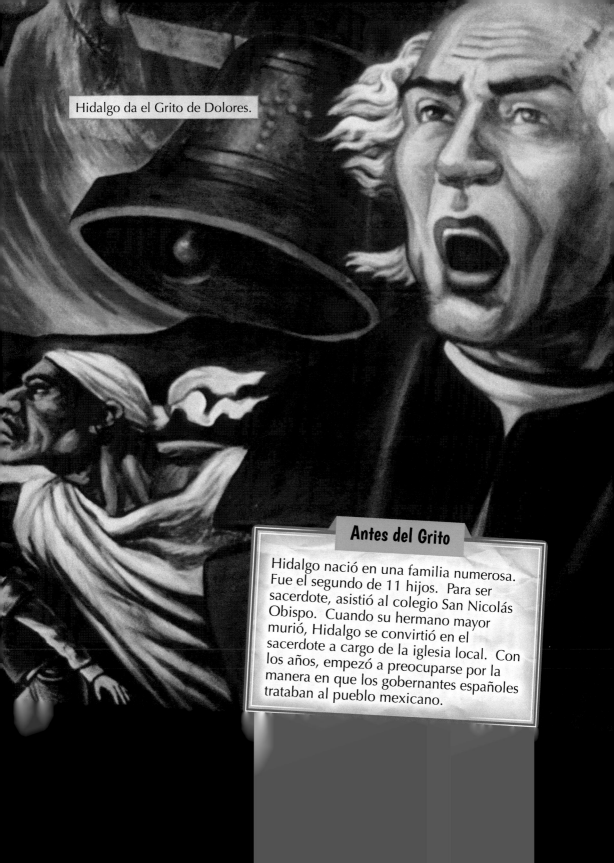

Hidalgo da el Grito de Dolores.

Antes del Grito

Hidalgo nació en una familia numerosa. Fue el segundo de 11 hijos. Para ser sacerdote, asistió al colegio San Nicolás Obispo. Cuando su hermano mayor murió, Hidalgo se convirtió en el sacerdote a cargo de la iglesia local. Con los años, empezó a preocuparse por la manera en que los gobernantes españoles trataban al pueblo mexicano.

Un nuevo gobierno

El nuevo gobierno mexicano tenía mucho trabajo que hacer. Sus líderes tenían que decidir cómo gobernar. Uno de los primeros pasos fue crear las leyes. Escribieron una nueva constitución. Luego, necesitaban personas que hicieran cumplir las leyes. Le dieron este poder a Luis Antonio Argüello. Él fue el primer gobernador de Alta California durante el dominio mexicano. Estableció un **consejo** para que lo ayudara a gobernar. Pero el consejo no tenía mucho poder. Los californios ricos tenían poder porque controlaban la mayor parte de las tierras. Pertenecían a familias españolas y hablaban español.

Argüello gobernó durante cuatro años. Uno de sus objetivos fue proteger a las personas. A los soldados de Alta California no se les había pagado durante muchos años durante el dominio español. Argüello intentó cobrar impuestos a las personas para pagar a los soldados.

En 1824, se aprobó una nueva ley. Los ciudadanos mexicanos podían pedir **concesiones de tierras** en la región. Esto fue un cambio muy importante. Atrajo a muchas personas a la región.

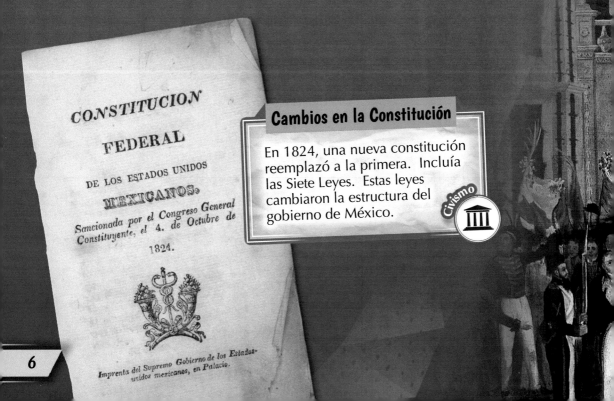

CONSTITUCION FEDERAL DE LOS ESTADOS UNIDOS MEXICANOS, Sancionada por el Congreso General Constituyente, el 4. de Octubre de 1824.

Imprenta del Supremo Gobierno de los Estados unidos mexicanos, en Palacio.

Cambios en la Constitución

En 1824, una nueva constitución reemplazó a la primera. Incluía las Siete Leyes. Estas leyes cambiaron la estructura del gobierno de México.

Civismo

México celebra su independencia.

Conflictos con los habitantes locales

Las nuevas autoridades hicieron muchas promesas a los indígenas. Durante el dominio español, muchos indígenas fueron obligados a vivir en las misiones. Allí también iban a la escuela y trabajaban.

Durante el dominio mexicano, fueron reconocidos como ciudadanos. Se les concedieron ciertos derechos. Podían votar y tener tierras. Incluso podían postularse para un cargo público. Pero, en la realidad, no los trataban de manera justa. En los primeros 10 años del gobierno mexicano, se otorgaron cientos de concesiones de tierras. Solo 51 de esas concesiones fueron para indígenas.

La vida de Mariano

Mariano Vallejo fue un californio clave. Nació cuando México todavía estaba gobernado por España. De adulto se convirtió en un jefe militar importante. Ayudó a fundar la ciudad de Sonoma. El estado nombró una ciudad en su honor.

Algunos californios se establecieron cerca de Monterrey.

A los indígenas rápidamente les quitaron la mayor parte de sus tierras. Algunos californios se casaron con mujeres indígenas y reclamaron sus tierras. Luego obligaron a los indígenas a quedarse y trabajar la tierra a cambio de salarios injustos. Algunos indígenas se defendieron. Realizaron **saqueos** en las granjas mexicanas. Se resistieron al maltrato.

En 1825, se eligió a un nuevo gobernador mexicano. Su nombre era José María de Echeandía. Permitió a los indígenas que habían vivido en las misiones durante al menos 10 años reclamar y trabajar su propia tierra. Pero los indígenas no eran realmente libres. La nueva regla establecía que tenían que dar al gobierno parte de las ganancias que obtenían de sus tierras.

Unir fuerzas

Durante el gobierno mexicano, muchos indígenas se mudaron tierra adentro. Se unieron a las tribus que ya vivían allí. Algunos miembros de esas tribus eran indígenas que habían huido de las misiones. Juntos, saqueaban granjas. Robaban **ganado**, principalmente caballos. Usaban los caballos como alimento o los vendían.

Terminar con las misiones

Las misiones fueron una parte importante de Alta California durante el dominio español. Los sacerdotes que estaban a cargo eran poderosos. Controlaban la vida de todos en las misiones. Las autoridades mexicanas quisieron cambiar esto. Secularizaron las misiones. Esto quería decir que la iglesia ya no controlaba las tierras. El sistema de misiones terminó en 1833.

Las tierras de las misiones

Las misiones estaban construidas en tierras valiosas. Las autoridades mexicanas tuvieron que tomar decisiones. Las tierras se dividirían y algunas pasarían a manos de los indígenas que vivían en las misiones. El resto de las tierras y los edificios se entregarían a los gobiernos locales. Los funcionarios allí decidirían cómo usarlas.

Los californios querían tomar el control de las tierras. Sabían que se necesitaba dinero para gobernar esta región. Las tierras de las misiones podían ser de ayuda. El plan era usar las tierras para producir ingresos para México.

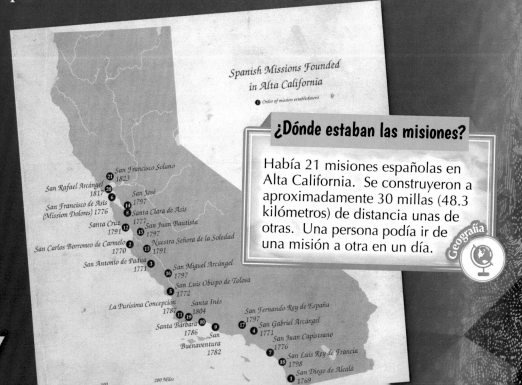

Spanish Missions Founded in Alta California

❶ Order of mission establishment

San Francisco Solano 1823

San Rafael Arcángel 1817

San José 1797

San Francisco de Asís (Mission Dolores) 1776

Santa Clara de Asís 1777

Santa Cruz 1791

San Juan Bautista 1797

San Carlos Borromeo de Carmelo 1770

Nuestra Señora de la Soledad 1791

San Antonio de Padua 1771

San Miguel Arcángel 1797

San Luis Obispo de Tolosa 1772

La Purisima Concepción 1787

Santa Inés 1804

Santa Bárbara 1786

San Buenaventura 1782

San Fernando Rey de España 1797

San Gabriel Arcángel 1771

San Juan Capistrano 1776

San Luis Rey de Francia 1798

San Diego de Alcalá 1769

200 Miles

¿Dónde estaban las misiones?

Había 21 misiones españolas en Alta California. Se construyeron a aproximadamente 30 millas (48.3 kilómetros) de distancia unas de otras. Una persona podía ir de una misión a otra en un día.

Geografía

El propósito de las misiones

Los españoles querían "civilizar" a los indígenas. Les enseñaron la fe católica. Los obligaron a trabajar en las misiones.

Un misionero habla frente a un grupo de indígenas californianos.

Tierras para los indígenas

Las tierras de las misiones quedaron divididas. La mitad de cada misión se convirtió en propiedad **comunal**. Con estas tierras se formaron **parcelas** para la agricultura. Una parte de estas tierras se prometió a los indígenas. La parte restante de las misiones se entregó a otras personas. Eso se hizo por medio de concesiones de tierras.

Muchos indígenas recibieron tierras de las misiones. Pero no sabían lo que era una concesión de tierras. No sabían que ellos eran los dueños. Algunos incluso abandonaron sus tierras. Solo querían dejar atrás las misiones.

Los californios querían las tierras. Muchas veces lograban engañar a los indígenas para que se las vendieran. En ocasiones, los indígenas californianos eran obligados a vender sus tierras. No se les pagaba un precio justo.

Dificultades para los indígenas

Muchos de los indígenas eran de tierra adentro. Cuando el sistema de misiones terminó, volvieron a su tierra de origen. Pero empezar de nuevo les resultaría muy difícil. La dieta de los indígenas antes había consistido en vegetales. Durante los años de las misiones, las tierras tribales se convirtieron en zonas de pastoreo. Los animales arruinaron la vegetación. Los indígenas ya no tenían su fuente de alimento.

La vida de los indígenas hoy

Actualmente, existen más de 100 tribus en California. Su cantidad de miembros varía. Algunas tribus tienen tan solo cinco miembros, mientras que las más grandes tienen cerca de 5,000. Hay tribus en todo el estado, tanto en zonas rurales como urbanas.

misión de San Luis Rey

Las concesiones de las tierras de las misiones

Las autoridades mexicanas otorgaron más de 500 concesiones de tierras. Las personas se entusiasmaron con la posibilidad de obtener tierras gratuitas. El gobierno quería que las personas usaran la tierra para criar ganado y cultivar. Esto ayudaría a que la economía de la región creciera.

Para recibir una concesión, una persona tenía que hacer un mapa de la zona que quería obtener. Eran mapas hechos a mano llamados *diseños*. Incluían puntos de referencia destacados, como ríos y colinas.

Los californios recibieron gran parte de las tierras de las misiones por medio de las concesiones. Construyeron ranchos y criaron ganado. La mayoría de los ranchos estaban ubicados en lo que hoy es el sur de California. Este período se conoce como *la edad de oro de los ranchos*. Duró 13 años.

diseño

Mediciones para hacer mapas

Los instrumentos de medición de la época no eran precisos. Una *reata* era un instrumento que se usaba para medir áreas extensas. Era una cuerda con un palo atado en cada extremo. Una persona sostenía un palo y otra caminaba con la reata hasta que se estiraba totalmente. Repetían estos pasos hasta medir toda el área.

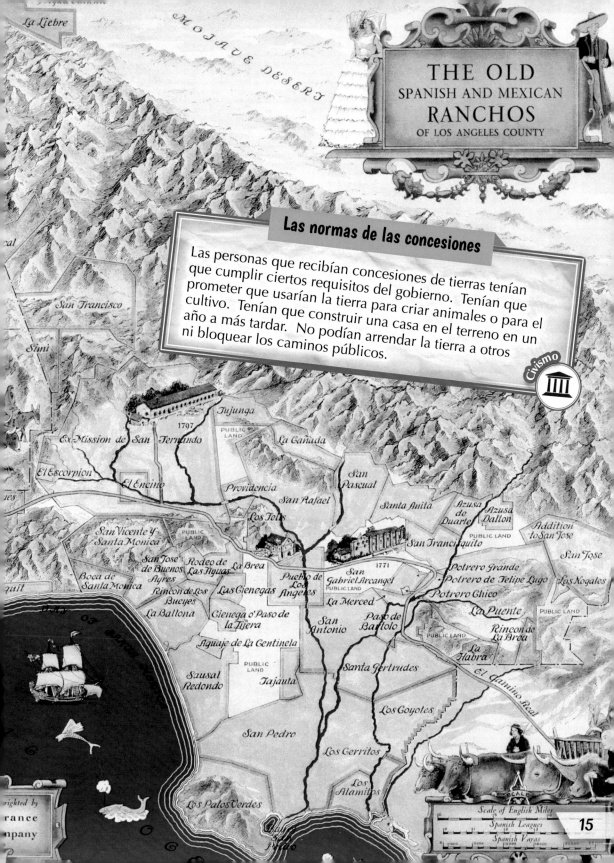

THE OLD
SPANISH AND MEXICAN
RANCHOS
OF LOS ANGELES COUNTY

Las normas de las concesiones

Las personas que recibían concesiones de tierras tenían que cumplir ciertos requisitos del gobierno. Tenían que prometer que usarían la tierra para criar animales o para el cultivo. Tenían que construir una casa en el terreno en un año a más tardar. No podían arrendar la tierra a otros ni bloquear los caminos públicos.

Civismo

El período de los ranchos

Los dueños de los ranchos criaban principalmente ganado. Comían o vendían la carne de sus animales. También vendían las pieles y el **sebo**. Muchas de estas familias se hicieron ricas. Creían que pertenecían a una clase más alta que aquellos que no tenían tierras. Solo **socializaban** con otros propietarios de ranchos.

En pocos años, los californios eran los dueños de la mayor parte de Alta California. A medida que se enriquecían, compraban más y más tierras. Quienes pasaban necesidades, especialmente los indígenas, sufrían. El gobierno mexicano había intentado ayudar a los indígenas, pero no lo logró. Al final, el sistema mexicano no fue mucho más justo para los indígenas que el español.

producción de jabón con sebo en una fábrica

La producción de sebo

El sebo se hace con grasa animal. Se usa para hacer jabones y velas. También solía usarse para cocinar. Se hace cortando grasa de la carne vacuna y cocinándola mucho tiempo a fuego muy lento. Este proceso se llama derretimiento.

Marcar el ganado

Bajo el gobierno mexicano, todo el ganado y los caballos tenían que llevar una marca. Cada rancho tenía su propia marca que indicaba a quién pertenecían los animales. Los propietarios marcaban su ganado y sus caballos apoyándoles un hierro caliente en la cadera izquierda. Si el animal se vendía, el nuevo propietario colocaba su marca en el hombro izquierdo.

Una tierra cambiante

México quería que fueran a vivir más personas a Alta California. Las autoridades intentaron captar el interés de los mexicanos. Pero muchos no se querían mudar. Creían que esta región era un lugar poco atractivo. Quedaba demasiado lejos.

Nuevos pobladores

Sin embargo, otras personas sí decidieron mudarse a Alta California. Querían tener la oportunidad de tener tierras y hacerse ricos. Para conseguir tierras, los extranjeros tenían que obtener la **ciudadanía** mexicana. También tenían que convertirse al catolicismo.

Llegaban personas de Estados Unidos y Europa para conseguir tierras. Estos nuevos pobladores ayudaron a la creciente economía de la región. Los californios aún poseían la mayoría de los ranchos. Pero los nuevos pobladores construyeron sus propias granjas. También **prosperaron** en otros oficios. Muchos eran cazadores de pieles. Comerciaban el sebo y las pieles de los animales. Con la llegada de todas estas personas, la cultura de Alta California comenzó a cambiar.

Cazadores y comerciantes de pieles

Los primeros cazadores de pieles llegaron a Alta California a fines del siglo XVIII. Cazaban nutrias de mar y lobos marinos. Más tarde, comenzaron a cazar castores, visones, zorros y comadrejas. Luego llegaron comerciantes para establecerse en la región y abrir negocios. Las pieles se vendían o se intercambiaban por otros bienes. El Oeste se abrió al comercio mundial debido a las pieles.

Economía

Al pie del mástil

Dos años al pie del mástil es un libro de **memorias**. Lo escribió Richard Henry Dana Jr. Dana era un estadounidense que navegó hasta Alta California. El libro trata sobre su viaje y su vida en el mar. También escribió sobre cómo era California antes de la fiebre del oro.

Un grupo de cazadores de pieles viaja a caballo.

Muchos pobladores nuevos que se mudaron a la región se casaron con miembros de familias de californios. Es el caso de John Gilroy. Gilroy provenía de Escocia. Fue el primer colono de habla inglesa que se convirtió en ciudadano mexicano. Pronto le siguieron otros. John Sutter provenía de Suiza. Estableció el fuerte de Sutter. Más tarde, en sus tierras se encontró oro. John Marsh provenía de Boston. Fundó una colonia en el Valle Central. Marsh fue el primer médico estadounidense en la región. Estos nuevos pobladores trajeron su propia cultura. Tenían más contacto con sus culturas de origen que con la cultura mexicana.

México comenzó a perder el control de Alta California. La región tenía muchos recursos naturales que no se utilizaban. Tenía **puertos** muy convenientes para el comercio. Desde Andrew Jackson, todos los presidentes de EE. UU. quisieron esas tierras. James K. Polk estaba listo para comprarlas. Su oportunidad llegaría muy pronto.

Destino manifiesto

Las palabras *destino manifiesto* se usaron por primera vez en 1845. Con el tiempo, estas palabras pasaron a significar que el destino de Estados Unidos era expandirse "de costa a resplandeciente costa". Muchos estadounidenses pensaban que tenían el derecho de expandirse y difundir sus ideas.

Esta famosa pintura simboliza a Estados Unidos expandiéndose de costa a costa.

La guerra entre México y Estados Unidos

El número de habitantes de Alta California seguía aumentando. En 1846, allí vivían más de 1,000 estadounidenses. Ayudaron a construir su cultura. También tuvieron un papel muy importante en el comercio y las industrias.

Los intereses de Estados Unidos

Los colonos no eran los únicos que querían ir a California. El gobierno de EE. UU. también estaba interesado. El país había crecido desde su **fundación**. Sus gobernantes querían más tierras y puertos clave. Pensaban que eso haría crecer a la nueva nación.

En 1835, el presidente de EE. UU. Andrew Jackson hizo una oferta. Quiso comprar el puerto de la bahía de San Francisco. El puerto sería útil para el comercio. Pero México se negó. Diez años después, el presidente James Polk quiso comprar todo el territorio de Alta California. México se negó una vez más.

México no podía retener estas tierras por mucho tiempo más. La guerra por Alta California estaba en camino.

Disputas por las fronteras

Una de las causas de la guerra entre México y Estados Unidos fue una disputa por las fronteras. Los países no podían ponerse de acuerdo sobre qué lugar de Texas debía marcar la frontera entre ambos. Los estadounidenses querían que fuera el río Bravo. México quería que fuera el río Nueces.

Los Niños Héroes

En 1847, fuerzas militares de EE. UU. marcharon hacia la Ciudad de México. El colegio militar mexicano bloqueó su camino. Las tropas de EE. UU. atacaron. La mayoría de los guardias mexicanos huyeron. Un grupo de seis jóvenes **cadetes** se quedaron a defender el castillo. Lucharon hasta su muerte. Hay un monumento en la Ciudad de México que rinde tributo a los Niños Héroes.

La primera batalla de la guerra entre México y Estados Unidos fue el 8 de mayo de 1846.

Las autoridades mexicanas no tenían un dominio fuerte sobre Alta California. Vivían muy lejos. Llevar un registro de todas sus tierras requería más personas y dinero del que tenían. En muchas áreas, los mexicanos y los estadounidenses lucharon por las tierras.

Rebelión

En 1846, José Castro provocó un gran malestar. Castro era un líder del ejército mexicano. Dijo que las tierras que pertenecían a personas nacidas en el extranjero se devolverían a México. Y se obligaría a las personas que vivían en esas tierras a abandonar el país. En junio, un grupo de estadounidenses ofreció resistencia en el fuerte de Sutter. Esta rebelión se conoció como la *Rebelión de la Bandera del Oso*.

Un mes antes de la rebelión, Estados Unidos le declaró la guerra a México. Los dos países lucharon durante los dos años siguientes.

Unos hombres izan la bandera después de la Rebelión de la Bandera del Oso.

John Frémont

John Frémont era un oficial del ejército estadounidense. Es posible que él haya impulsado la rebelión. Un par de meses antes de la Rebelión de la Bandera del Oso, estaba en el fuerte de Sutter. Dijo a los hombres de la región que se prepararan para rebelarse contra México.

El fin del dominio mexicano

Estados Unidos ganó la guerra en 1848. De hecho, su ejército no perdió ni una sola batalla. Murieron más soldados estadounidenses por enfermedades que en combate. México perdió aproximadamente la mitad de su territorio. Estados Unidos tomó el control de Alta California. A cambio, le pagó a México $15 millones. Esto fue parte del **tratado** que firmaron ambos países.

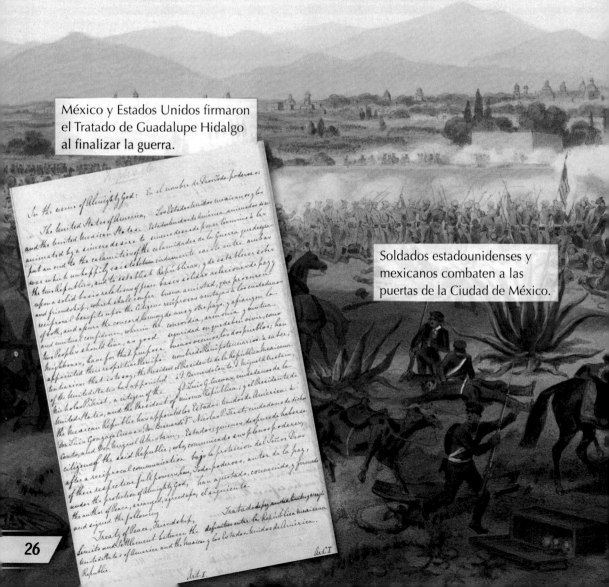

México y Estados Unidos firmaron el Tratado de Guadalupe Hidalgo al finalizar la guerra.

Soldados estadounidenses y mexicanos combaten a las puertas de la Ciudad de México.

Se aproximaban grandes cambios. El mismo año en que terminó la guerra, se descubrió oro en un aserradero conocido como Sutter's Mill. La población de California crecería a pasos agigantados. Muchísimas personas de todo el mundo llegaron al territorio. Esperaban hacerse ricas.

El dominio mexicano duró 27 años. Sin embargo, las **influencias** mexicanas todavía se pueden ver por todo el estado.

Un héroe de la guerra

Zachary Taylor fue un héroe de la guerra entre México y Estados Unidos. Se postuló como candidato a presidente en 1848 y ganó. Murió debido a una enfermedad cuando llevaba menos de dos años en el cargo.

¡Dibújalo!

Imagina que quieres una concesión de tierras en California. El primer requisito es hacer un diseño. Tu diseño debe mostrar cómo es el terreno, dónde está y el tamaño de la parcela.

- Piensa en tu casa y el terreno en el que está. Ese es el terreno que quieres que te concedan.

- ¿Qué forma tiene? Dibuja un esquema.

- ¿Qué tamaño tiene? Los habitantes de California no tenían instrumentos de medición oficiales en esa época. Improvisaban. ¿Cómo medirías tu terreno? Piensa en algún método. Anota tus mediciones en el diseño.

- ¿Qué hay en tu terreno? Piensa en características naturales como árboles, rocas y agua. Luego, piensa en objetos hechos por el ser humano, como casas, cobertizos y establos. Añádelos a tu dibujo y rotúlalos.

- ¿Qué nombre le pondrías a tu terreno? Piensa en un nombre creativo para tu rancho.

Glosario

Alta California: el territorio que fue una colonia de España y luego de México; incluía Nevada, Utah y partes de California, Arizona, Nuevo México, Wyoming y Colorado

cadetes: personas que estudian para ser militares

ciudadanía: el reconocimiento de los derechos de una persona que le permiten formar parte de un país

comunal: compartido por todos dentro de un grupo o una comunidad

concesiones de tierras: contratos que otorgan la propiedad de parcelas de tierra

consejo: un grupo elegido para hacer normas y leyes o tomar decisiones

fundación: el comienzo de algo; cuándo algo se creó

ganado: animales útiles, como vacas, caballos y cerdos, que crían las personas

influencias: cosas que tienen el poder de afectar a personas o cosas

mandato: el período en que alguien gobierna

memorias: un relato escrito en el que alguien cuenta sus experiencias vividas

parcelas: terrenos que se han medido y designado para un propósito específico

prosperaron: tuvieron más éxito, generalmente al producir más dinero

puertos: lugares en la costa o en las orillas de un río donde los barcos cargan y descargan bienes

saqueos: ataques inesperados con el objetivo de robar a personas y lugares

sebo: la grasa de vacas y ovejas que se usa para hacer cosas como jabones y velas

socializaban: se relacionaban con otras personas

tratado: un acuerdo formal entre dos o más países o grupos

Índice

¡Tu turno!

Simbolismo

La pintura de 1872 que se muestra arriba se llama *El progreso estadounidense*. El artista usó símbolos para representar el progreso en el transporte y las comunicaciones. Se ven personas que avanzan hacia el oeste, primero en carretas cubiertas, luego en diligencia y, finalmente, en tren. El cable del telégrafo empieza en el Este (a la derecha) y permitió que las comunicaciones con el Oeste fueran más rápidas.

Si tuvieras que pintar un cuadro moderno del progreso, ¿qué símbolos usarías? Elige al menos tres ejemplos de progreso en el transporte y las comunicaciones. Luego, explica por qué los elegiste.